I kona n riki bwa te neeti

Te korokaraki iroun KR Clarry
Te korotaamnei iroun Romulo Reyes III

Library For All Ltd.

E boutokaaki karaoan te boki aio i aan ana reitaki ae tamaaroa te Tautaeka ni Kiribati ma te Tautaeka n Aotiteeria rinanon te Bootaki n Reirei. E boboto te reitaki aio i aon katamaaroaan te reirei ibukiia ataein Kiribati ni kabane.

E boreetiaki te boki aio iroun te Library for All rinanon ana mwane ni buoka te Tautaeka n Aotiteeria.

Te Library for All bon te rabwata ae aki karekemwane mai Aotiteeria ao e boboto ana mwakuri i aon kataabangakan te ataibwai bwa e na kona n reke irouia aomata ni kabane. Noora libraryforall.org

I kona n riki bwa te neeti

E moan boreetiaki 2022
E moan boreetiaki te katootoo aio n 2022

E boreetiaki iroun Library For All Ltd
Meeri: info@libraryforall.org
URL: libraryforall.org

Te korotaamnei iroun Romulo Reyes III

Atuun te boki I kona n riki bwa te neeti
Aran te tia korokaraki Clarry, KR
ISBN: 978-1-922918-54-3
SKU02435

I kona n riki
bwa te neeti

Aikai neeti.

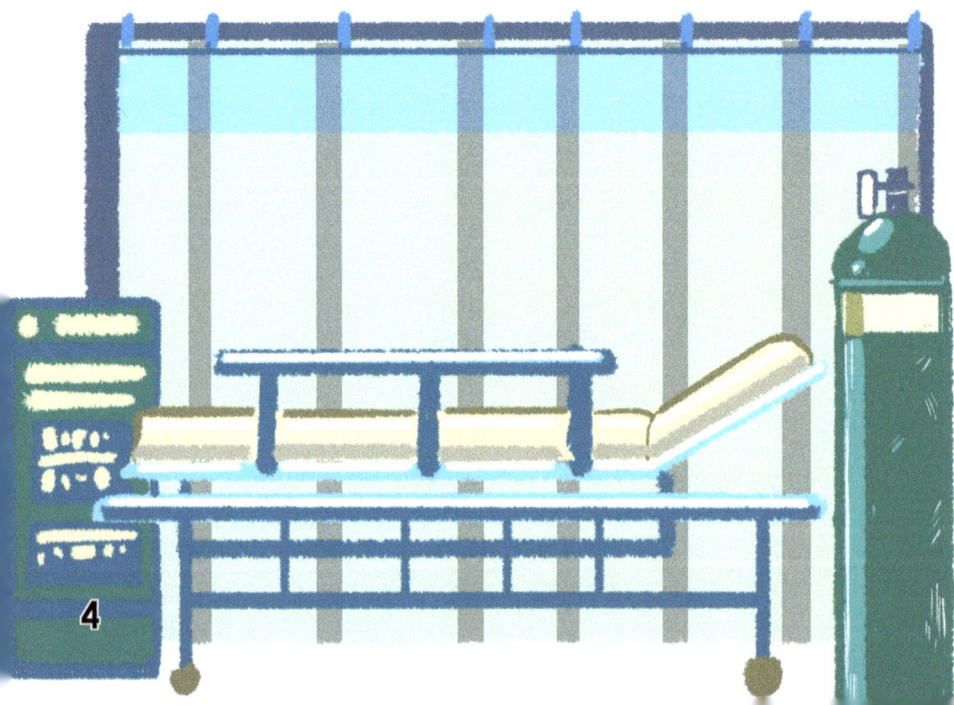

4

A mwakuri n te oonnaoraki ke n te kiriiniki.

A mwakuri neeti ni buokiia taokita ibukin kainanoia aomata aika aoraki ke n ikuaki.

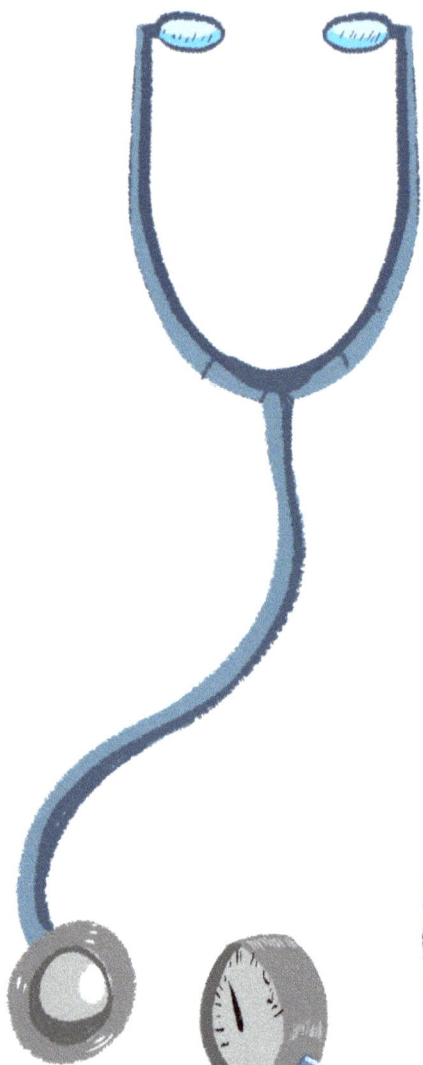
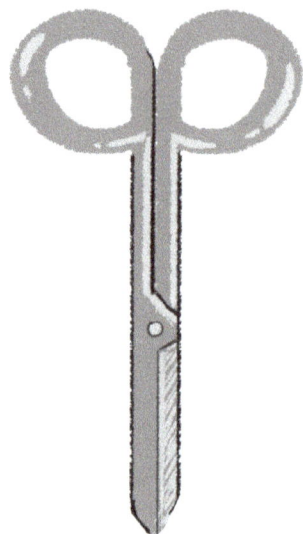
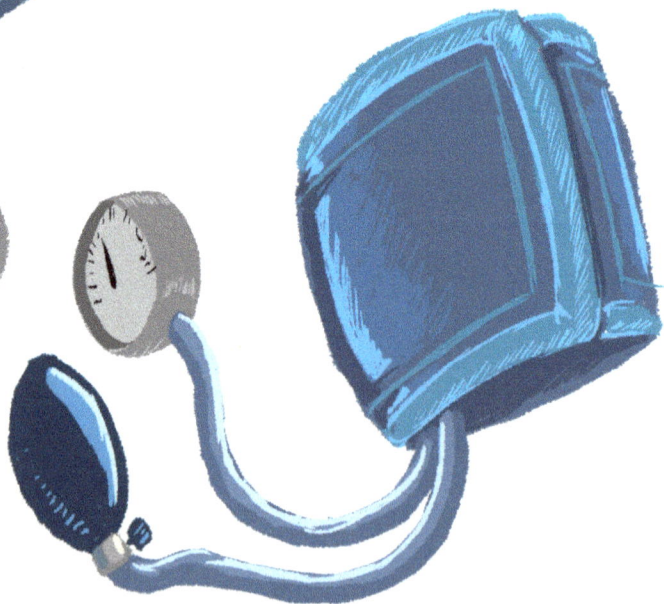

A kaboonganai bwaai ni
mwakuri aika mwaiti
neeti ibukin katokan
aorakira.

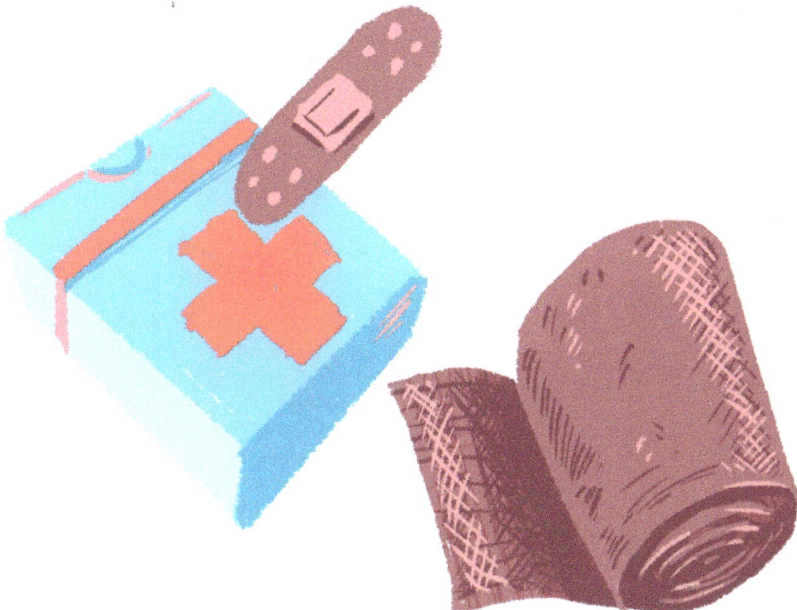

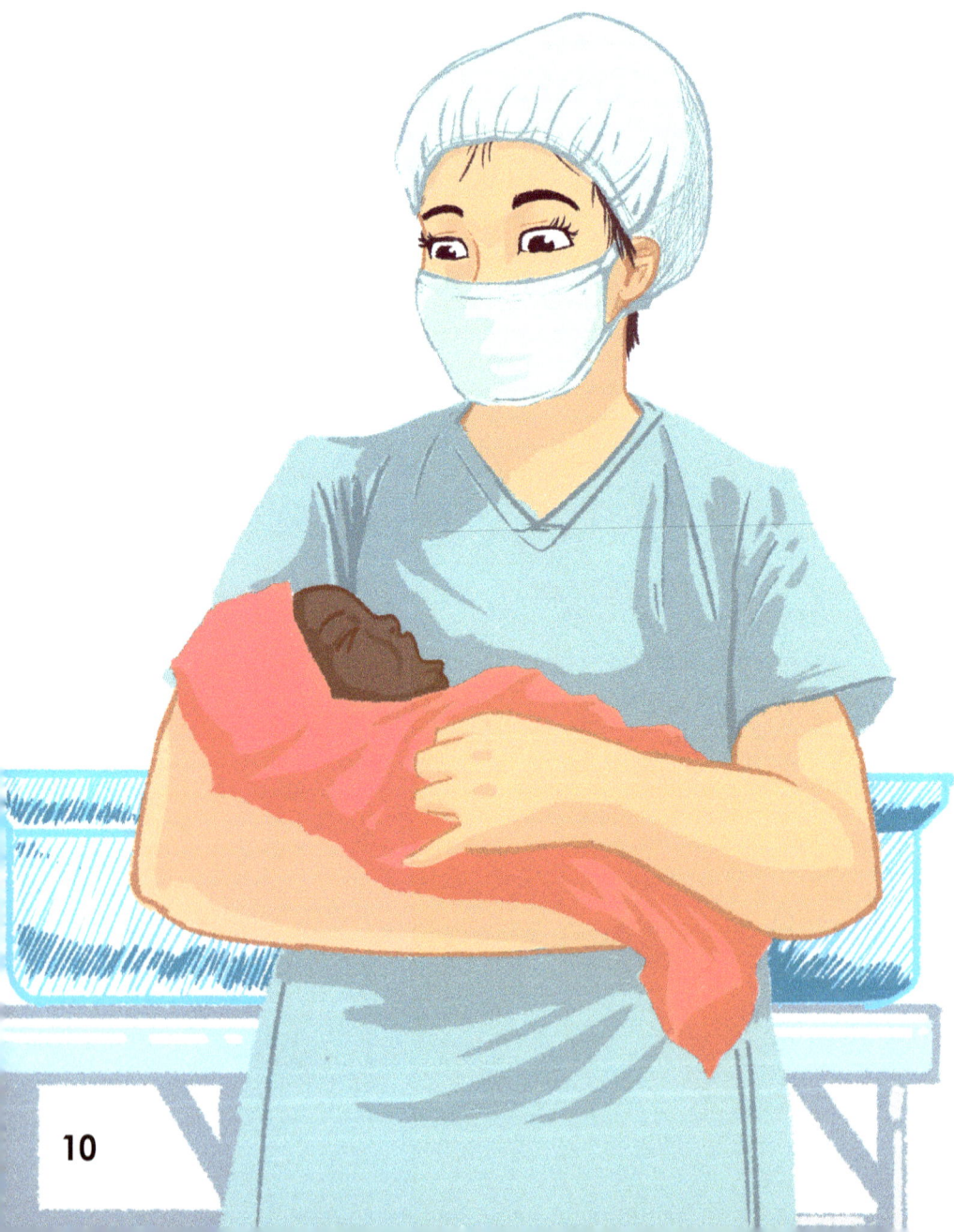

A kona ni kabaebaei ikuaki
ao n tararuaia raoi ataei
aika a tibwa bungiaki.

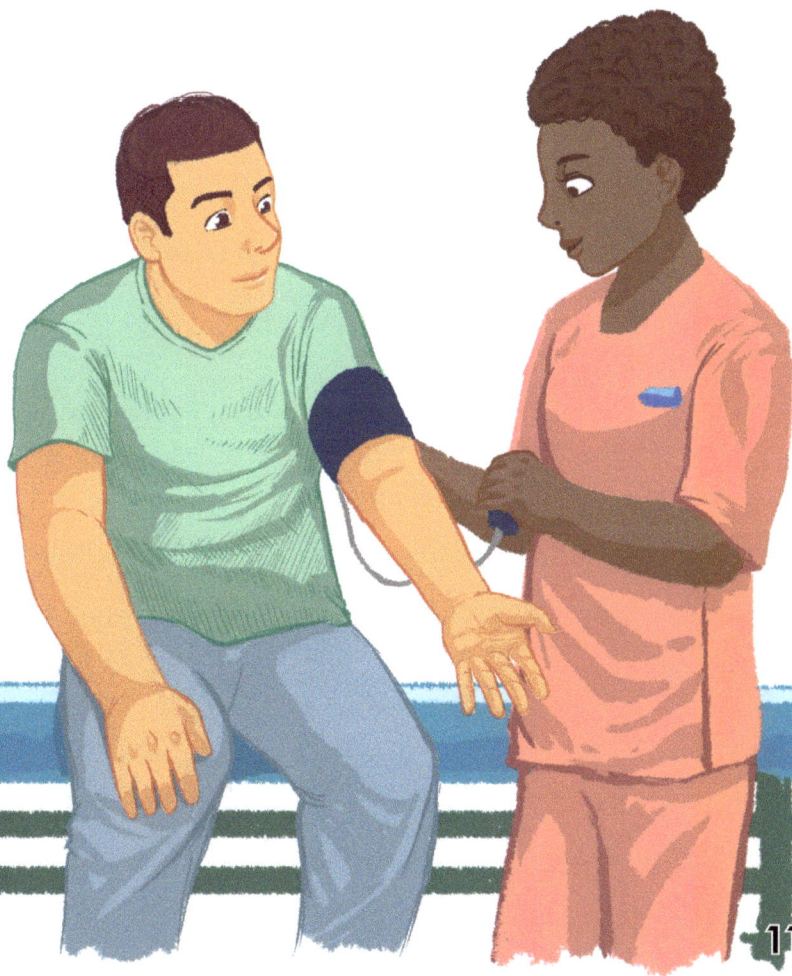

Iai neeti tabeman aika a ibuobuoki n anga bwainnaoraki ibukin kateimatoaan marurungim.

A mwaiti neeti ni katoobibia te aonnaba.

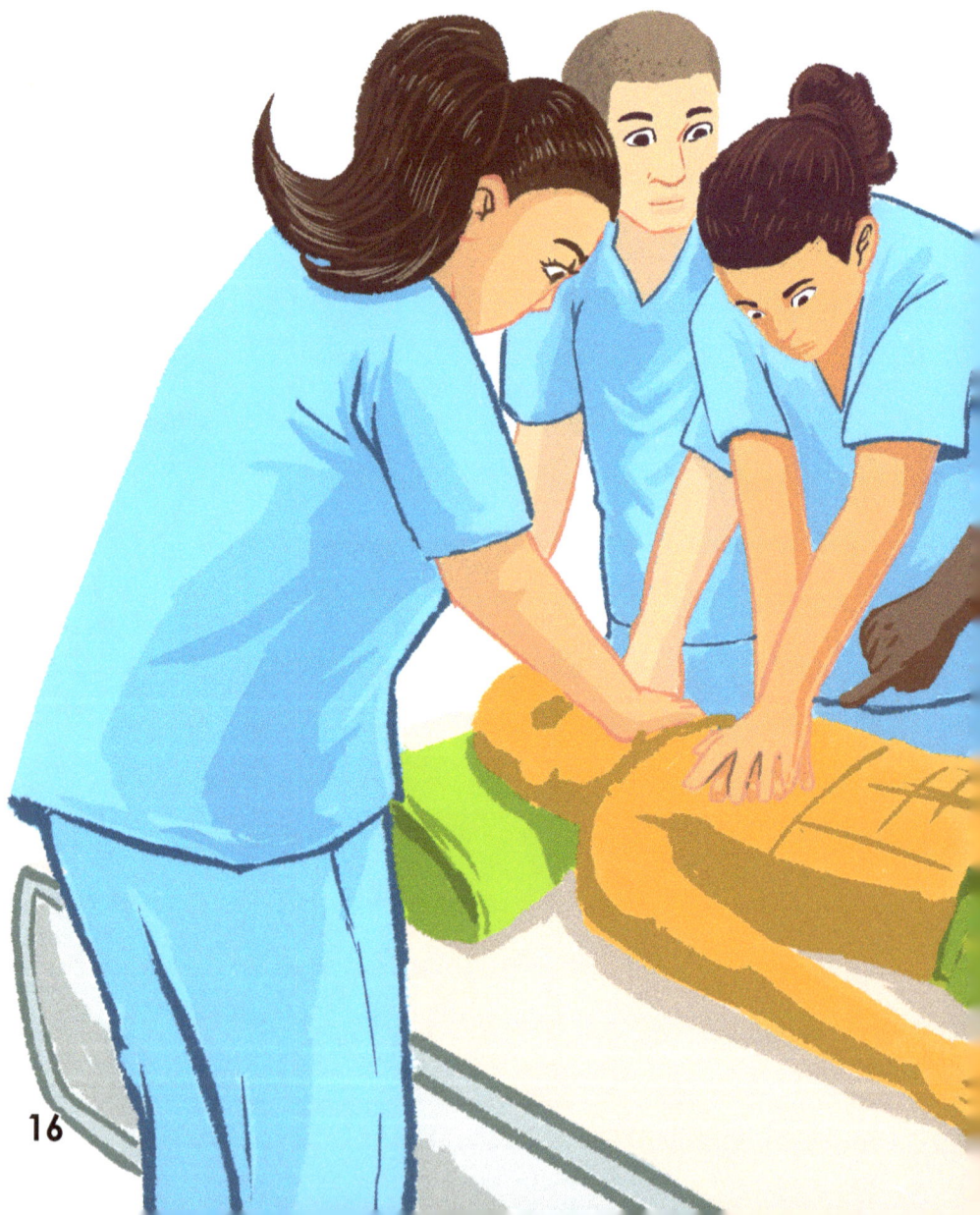

I kona n reirei n te kuura
ae rietaata bwa N na riki
n neeti.

I kona ni buookiia kaain au kaawa bwa a na teimatoa ni marurung raoi ao ni mano raoi.

Ko kona ni kaboonganai titiraki aikai ni maroorooakina te boki aio ma am utuu, raoraom ao taan reirei.

Teraa ae ko reiakinna man te boki aio?

Kabwarabwaraa te boki aio.
E kaakamanga? E kakamaaku?
E kaunga? E kakaongoraa?

Teraa am namakin i mwiin warekan te boki aio?

Teraa maamaten nanom man te boki aei?

Karina ara burokuraem ni wareware
getlibraryforall.org

Rongorongoia taan ibuobuoki

E mmwammwakuri te Library For All ma taan korokaraki ao taan korotaamnei man aaba aika kakaokoro ibukin kamwaitan karaki aika raraoi ibukiia ataei.

Noora libraryforall.org ibukin rongorongo aika boou i aon ara kataneiai, kainibaaire ibukin karinan karaki ao rongorongo riki tabeua.

Ko kukurei n te boki aei?

Iai ara karaki aika a tia ni baarongaaki aika a kona n rineaki.

Ti mwakuri n ikarekebai ma taan korokaraki, taan kareirei, taan rabakau n te katei, te tautaeka ao ai rabwata aika aki irekereke ma te tautaeka n uarokoa kakukurein te wareware nakoia ataei n taabo ni kabane.

Ko ataia?

E rikirake ara ibuobuoki n te aonnaaba n itera aikai man irakin ana kouru te United Nations ibukin te Sustainable Development.

libraryforall.org